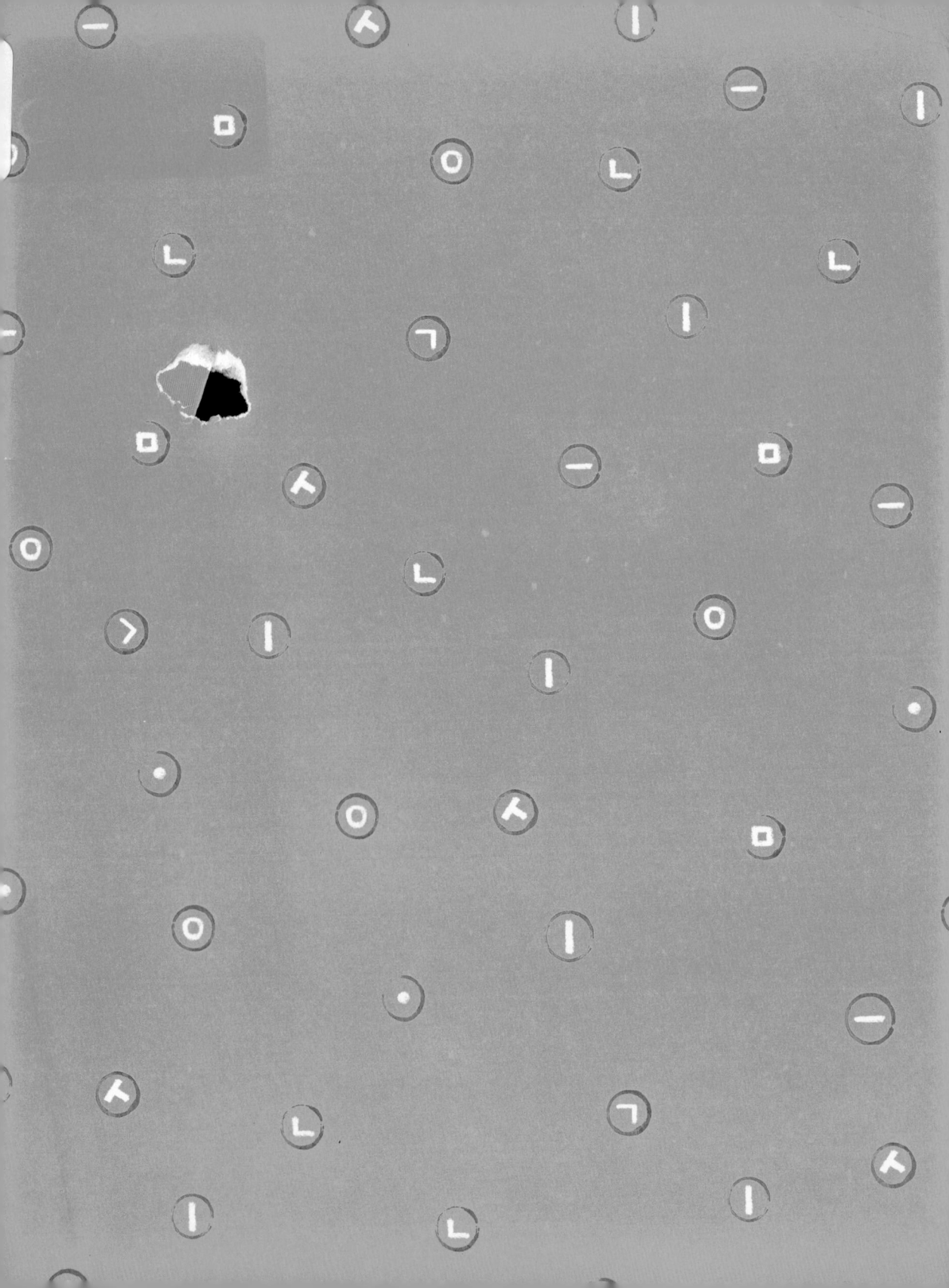

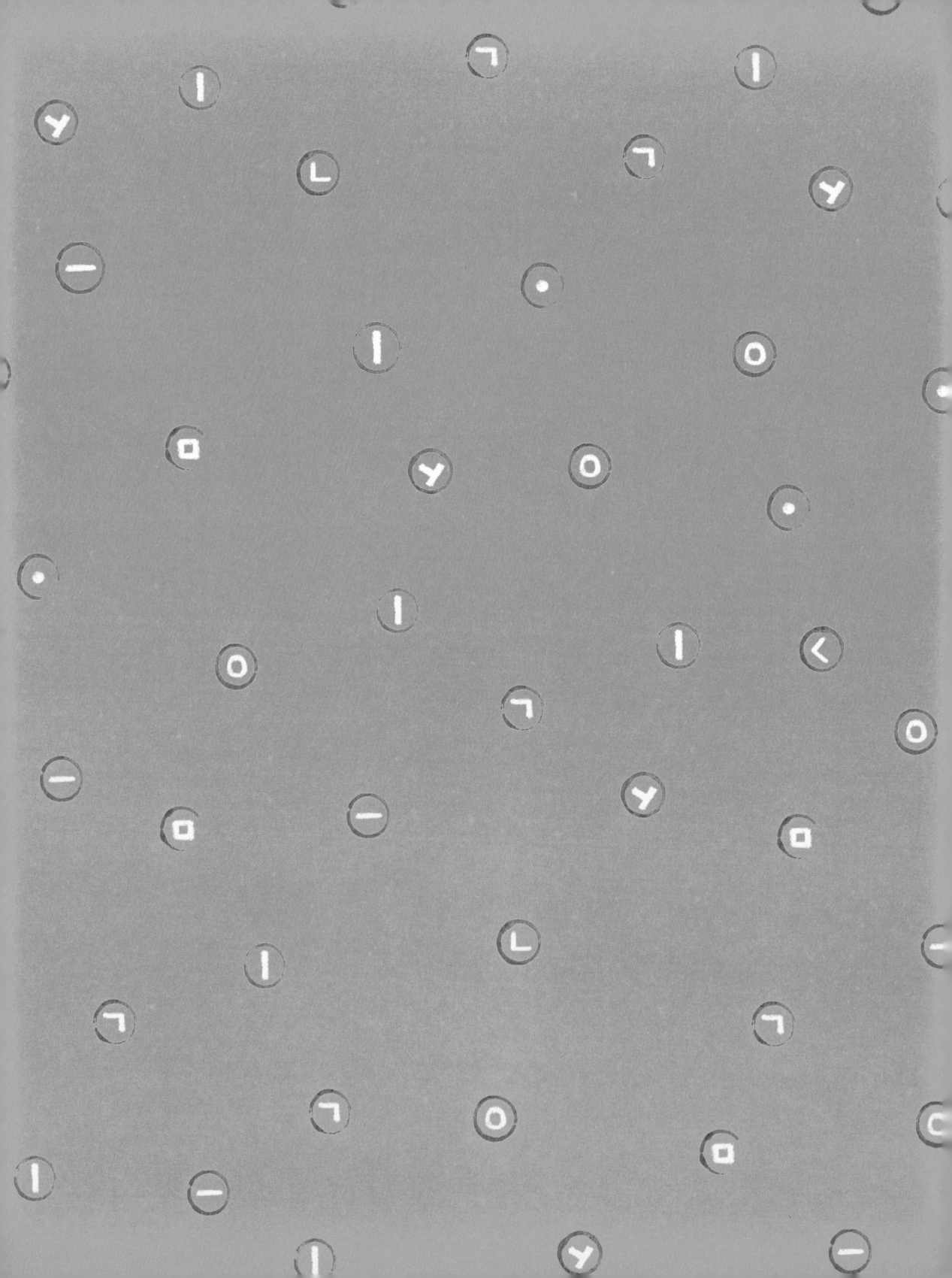

좋은 하루 보내세요

난 한글에 홀딱 반했어!

초판 1쇄 2009년 10월 15일
초판 13쇄 2023년 11월 30일

글 유다정
그림 강희준
감수·추천 김슬옹
편집 윤정현
마케팅 강백산, 강지연
디자인 큐리어스 권석연
펴낸이 이재일
펴낸곳 토토북 04034 서울시 마포구 양화로11길 18, 3층 (서교동, 원오빌딩)
전화 02-332-6255 | 팩스 02-6919-2854
홈페이지 www.totobook.com | 전자우편 totobooks@hanmail.net
출판등록 2002년 5월 30일 제10-2394호

ISBN 978-89-90611-82-6 73710

ⓒ 유다정, 강희준 2009
이 책은 저작권법에 의해 보호를 받는 저작물이므로 무단 전재 및 무단 복제를 금합니다.
잘못된 책은 구입하신 곳에서 바꾸어 드립니다.

KC 제품명: 난 한글에 홀딱 반했어! | 제조자명: 토토북 | 제조국명: 대한민국 | 전화: 02-332-6255
주소: 서울시 마포구 양화로11길 18, 3층(서교동, 원오빌딩) | 제조일: 2023년 11월 30일 | 사용연령: 10세 이상
* KC 인증 유형: 공급자 적합성 확인
* KC마크는 이 제품이 공통안전기준에 적합하였음을 의미합니다.

⚠ 주의 책의 모서리에 다치지 않게 주의하세요.

자연과 과학을 담은 우리 글자

난 한글에 홀딱 반했어!

유다정 글 | 강희준 그림

김슬옹(국어학박사, 동국대 국어교육과 겸임교수) 감수·추천

www.totobook.com

추천사

여러분은 한글을 더욱 멋지게 만들 주인공입니다

　어린이들에게 세종대왕과 훈민정음에 대해 이야기해 주는 책은 많습니다. 그 중에는 아이들 눈높이에 맞춘다며, 정보를 지나치게 단순화 시키는 바람에 오히려 틀린 정보를 전달하는 책도 꽤 있습니다. 최근에는 한글날에 관심을 갖는 사람도 많이 줄어들어, 한글을 사랑하는 사람으로서 안타까웠습니다. 그러던 중에 토토북에서 나온 《난 한글에 홀딱 반했어!》를 만나고 참 반가웠습니다.

　훈민정음에 대해 잘못 알려졌던 사실을 바로잡고, 한글이 세계적으로 어떤 위상을 갖고 있는지 알려 주어, 어린이들이 한글에 관심을 갖도록 해 줄 책이라 생각했기 때문입니다.

　이 책은 왕실 가족의 도움을 받아 세종이 직접 훈민정음을 만들었음을 알려 줍니다. 또, 훈민정음이 만들어진 직후에는 지배 계층인 양반 일부가 훈민정음을 쓰지 않으려고 했지만, 시간이 점차 흐르면서 양반도 훈민정음을 한자와 함께 공식문자로 쓰며 매우 중요하게 여겼다는 것도 일러 줍니다.

한글에 대한 올바른 사실을 다정한 말투로 쉽게 풀어 준 유다정 님과 글에 어울리도록 익살스런 그림을 그려 준 강희준 님 덕분에, 아이들은 훈민정음이 태어나 지금의 한글로 자리 잡기까지, 600년 가까이 되는 역사를 쉽게 이해할 수 있을 것입니다.

세종은 백성 모두가 좋은 일은 서로 권하고 나쁜 일은 서로 충고하며 어울려 살아갈 수 있는 나라를 만들려고 훈민정음을 만들었습니다. 그리고 몇백 년의 세월이 흐르는 동안 수많은 선조들이 노력하여 우리글의 좋은 점을 발달시키고, 사라질 위기에 있던 글을 지켜냈지요. 이제 한글은 세계 학자들로부터 '인류 최고의 글자'로 평가 받는 위대한 문자가 되었습니다.

어린이들이 이 책을 즐겁게 읽고 훈민정음에 담긴 세종의 높은 뜻을 마음에 새겨, 한글을 더욱 멋진 글로 만들어가는 주인공이 되기를 간절히 바랍니다.

국어학박사, 동국대 국어교육과 겸임교수 김슬옹

차례

한글에 대해 알아볼까? • 8

우리글이 왜 필요했을까?

글을 몰라 속다니! • 12

글 모른다고 죄가 없어지나? • 18

쉽게 배울 수 있는 글을 만들자! • 23
글자가 없을 때는 어떻게 했을까? • 26

자연과 과학을 담은 우리 글자

탄생! 훈민정음 • 30

소리가 살아 있는 우리글 • 34

뜻글자는 뭐고 소리글자는 뭐지? • 37

28자 속에 숨은 비밀 • 38
다른 글자는 어떻게 만들어졌을까? • 44

훈민정음을 널리 알리다

훈민정음으로 노래를 짓다 · 48

새 글이라니, 아니 되옵니다! · 52

훈민정음을 널리 알려라 · 56

훈민정음, 백성의 곁으로 내려오다 · 60

우리를 대표하는 우리글, 한글 · 63

나라마다 다른 글자를 쓸까? · 67

앗, 한글이 위험하다!

한글을 쓰면 잡아간다고? · 70

표준말이 필요해 · 73

통신언어 때문에 한글이 아파요 · 78

모두 다 표준말을 쓸까? · 84

갈수록 빛나는 한글

한글이 대단해 · 88

한글은 세계 최고의 알파벳 · 92

모두 평등한 훈맹정음 · 96

세종대왕상이 생겼어 · 98

정보화 시대에 더 필요한 한글 · 101

한글, 예술작품으로 변신하다 · 104

자랑스러운 우리 한글 · 109

〈부록〉 우리말 사전 · 110

한글에 대해 알아볼까?

　글자가 없던 아주 오래 전에는 서로 주고받는 말만 있었어. 단단한 회색 덩어리를 보고 '돌'이라고 부르기로 약속하면서 말이야. 시간이 지날수록 점점 말이 늘어 갔지. 그러다보니 글자가 필요했어. 말은 점점 많아지는데 모든 걸 기억할 수가 없었거든. 그래서 잊지 않도록 기록할 수 있는 글자를 만들게 된 거야.

　우리말에 맞는 글자는 1443년 조선 제4대 임금 세종대왕이 만들었어. 비로소 우리글을 갖게 된 거지. 그 전에는 어려운 한자를 써서 글자를 모르는 사람이 많았어. 지금은 글 모르는 사람이 거의 없지?

　인도네시아에 찌아찌아족이라는 부족이 있어. 말은 있는데 글이 없어 문화와 역사가 사라질 위기에 있었지. 아랍어를 변형한 글자가 있긴 했지만 너무 어려워서 아무도 쓰지 않았거든. 해결책으로 한글을 공식 문자로 채택했지. 다른 나라의 문자를 받아들이는 게 쉽지 않았지만, 문자는 꼭 필요한 것이고 한글은 어떤 문자보다 쉽고 편리하거든.

한글은 우리나라의 소중한 문화유산이자 세계의 소중한 문화유산이야. 한글은 세계기록유산으로 등재되어 있기도 하지.

이 책을 보면 세종대왕이 우리글을 만들려고 얼마나 많은 노력을 기울였는지, 어떻게 만들었는지, 언제부터 널리 쓰이게 되었는지 알 수 있어. 정보화 시대에 가장 적합한 문자라는 것도 알 게 될 거야.

사실 우리는 한글이 얼마나 소중한지 잘 느끼지 못해. 공기의 소중함을 잘 모르는 것과 같다고 할 수 있지. 아무 어려움 없이 사용하기 때문일 거야.

지금부터 한글이 얼마나 쉽고, 편하고, 대단한 글자인지 차근차근 알아볼까?

유다정

우리글이 왜 필요했을까?

글을 몰라 속다니!

"삼 년 동안 열심히 일하면 새경으로 밭을 준다고 했잖아유."
"이놈아! 내가 언제 그랬어?"
"여기 증거도 있어유. 영감님이랑 저랑 약속하고 손도장까지 찍었잖아유."
막쇠가 보자기를 풀자 고이 접힌 종이가 나왔어.

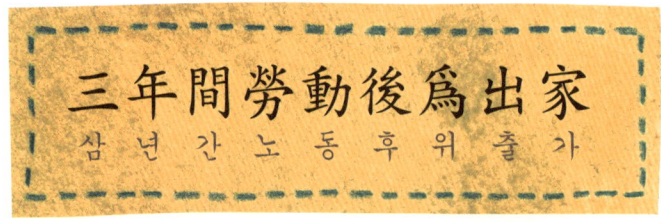

三年間勞動後爲出家
삼 년 간 노 동 후 위 출 가

"이놈아, 여기 봐라. 삼 년 동안 일하고 집을 나가겠다고 쓰여 있지 않느냐. 뭘 꾸물거리고 있느냐? 당장 나가지 못할까?"

막쇠는 죽어라 일만 하고 새경 한 푼 못 받고 쫓겨나게 생겼어. 어떻게 이런 일이 벌어진 걸까?

옛날 어느 마을에 심술 고약한 부자 영감이 살았어. 얼마나 고약하느냐 하면 나무 호미를 주고 한나절에 넓은 밭을 다 매라 하고, 밑 빠진 독에 물을 가득 채우라 하는 식이야. 그뿐 아니라 사람들이 쉬는 꼴을 보면 배가 아파서 없는 일을 만들어서 시키지 뭐야.

모래에 좁쌀을 뿌려 놓고 버럭버럭 소리를 지르면서 골라내라 하고, 닭털을 뽑아 놓고는 도로 붙이라며 억지를 부리기도 했단다.

그러던 어느 날이야. 부자 영감이 큼큼 목소리를 가다듬더니 부드러운 소리로 막쇠를 부르네.

"막쇠야, 막쇠 있으면 좀 들어오너라."

이 집 하인들이 눈을 휘둥그레 뜨고 중얼거렸어.

"오늘은 해가 서쪽에서 떴나?"

"영감님이 아침밥을 잘못 드셨나?"

만날 소리만 지르다가 갑자기 부드럽게 부르니 이상할 수밖에.

며칠 전에 이 집에 들어온 막쇠는 얼른 들어가 무릎을 꿇었지. 그러자 부자 영감이 다짜고짜 이러지 뭐야.

"네가 이 집에서 삼 년 동안 열심히 일하면 내가 밭을 한 떼기 줄 테니 그렇게 할 테냐?"

"밭을 주신다구유? 그럼 그렇게 하구말구유. 정말 감사해유."

막쇠는 밭을 준다는 부자 영감이 고마워 눈물까지 찔끔거렸어.

"하지만 영감님 그걸 어떻게 믿는대유?"

부자 영감이 서랍에서 종이와 붓을 꺼내 한자로 글을 쓰더니 손도장을 꾹 찍었지.

"자, 여기다 삼 년 동안 열심히 일하면 밭을 떼 주겠다고 썼으니 너도 손도장을 찍어라."

막쇠는 삼 년 동안만 열심히 일하면 자기 땅이 생긴다는 것이 꿈만 같았어.

"고맙습니다. 열심히 일해서 영감님 은혜를 꼭 갚을 게유."

글을 모르는 막쇠는 부자 영감이 준 종이를 보자기에 싸고 또 싸서 소중히 모셔 두었지.

막쇠는 열심히 일했어. 어스름 해가 떠오르기 시작할 때부터 달이

둥실 떠오를 때까지 쉬지 않고 일했지. 그래도 별로 힘든 줄 몰랐어. 삼 년 뒤에 밭을 받게 된다고 생각하면 웃음이 절로 났거든.

그리고 오늘이 바로 삼 년째 되는 날이야.

막쇠가 부자 영감한테 가서 밭을 달라고 했지.

"영감님, 약조하신 대로 밭을 주세유."

그랬더니 부자 영감이 당장 나가라고 소리친 거야. 글쎄 삼 년 전에 영감이 써 준 글은 열심히 일하면 밭을 준다는 글이 아니라 '삼 년 동안 열심히 일하고 집을 나가겠다.'라는 뜻이지 뭐야. 부자 영감이 글을 모르는 막쇠를 감쪽같이 속인 거지.

"아이고, 이런 법이 어디 있대유. 왜 사람을 속이고 그런대유."

막쇠가 울고불고 난리 쳤지만 결국은 쫓겨나고 말았어.

막쇠가 이렇게 억울한 일을 당한 건 글을 몰랐기 때문이야. 하지만 그게 어디 막쇠 책임인가? 날마다 일해야 하니 어려운 한자를 익힐 여유가 없는 걸 어쩌겠어. 그걸 이용해서 새경 한 푼 안 주고 나가라는 심술 고약한 영감이 나쁘지.

그나저나 글 모르는 막쇠만 억울하게 생겼어.

글을 모른다고 죄가 없어지나?

"전 정말 몰랐어유."
"아직도 죄를 뉘우치지 않다니 볼기를 더 맞아야겠구나."
철썩철썩…….
막쇠는 곤장을 맞고 또 맞아 결국 기절하고 말았어. 새경 한 푼 못 받고 쫓겨난 막쇠한테 이번에는 무슨 일이 일어난 걸까?

막쇠는 심술 고약한 부자 영감 집에서 쫓겨나 산속으로 들어갔어. 그곳에서 하루하루 나무를 해다가 팔아 겨우 먹고 살았지.

그러던 어느 날, 산으로 나무하러 갔는데 무슨 팻말이 떡 하니 꽂혀 있네.

入山禁止 입산금지 : 산에 들어가지 마시오

"누가 여기다 이런 걸 박아 놓은 겨. 나뭇짐 지고 다니기 불편하게."

이러면서 팻말을 쏙 뽑아 던져 버리고는 열심히 나무를 했지.

얼마 뒤 막쇠가 나무를 한 짐 가득 지고 일어나려는데 산 아래에서 사람들 소리가 들리네.

"저놈 잡아라!"

막쇠는 포졸에게 잡혀 꼼짝 못하는 신세가 되었지.

"아무 죄 없는 사람을 왜 잡는대유?"

"여기 있는 팻말을 뽑은 게 네놈이지? 산으로 들어가지 말라는 팻말을 뽑아 놓고 나무까지 했구나. 왕자님이 태어나면 태가 묻힐 신성한 곳에 함부로 들어가다니. 그러고도 네 죄를 모르겠단 말이냐?"

태는 엄마와 아기를 연결해 주던 탯줄을 말해. 옛날에는 왕실에서 아기가 태어나면 태를 깨끗이 씻어 항아리에 넣은 뒤 모실 곳을 정해 묻었어. 왕이 될 생명을 키워 준 탯줄이니 소중하게 생각한 거야.

막쇠는 왕자의 태가 묻힐 장소에서 나무를 하다 걸린 거로구나.

"나리, 저는 그게 들어가지 말라는 말인 줄 몰랐어유. 한 번만 용서해 주세유. 나리!"

막쇠는 엎드려서 머리를 땅에 대고 빌고 또 빌었어.
"글을 몰라서 그랬어도 용서할 수 없다. 모르면 물어보기라도 했어야지, 맘대로 팻말을 뽑아?"
막쇠는 포승줄에 두 손이 꽁꽁 묶인 채 관가로 끌려가서 곤장을 맞고 기절했단다.

　가여운 막쇠. 글을 몰라 삼 년 동안 고생하고 빈 몸으로 쫓겨나더니, 이번에는 글을 몰라 곤장을 맞았구나.

　막쇠는 정신을 차리고는 두 주먹을 불끈 쥐고 다짐했어.

　"나중에 자식을 낳으면 글을 꼭 가르치고 말겨!"

　막쇠 자식은 글을 꼭 깨우치면 좋겠다. 하지만 막쇠처럼 쉬지 않고 일해도 먹고 살기 바쁠 텐데 어려운 한자를 어떻게 배울지 걱정이다.

쉽게 배울 수 있는 글을 만들자!

어찌할까?

어찌하면 좋을까?

어찌하면 좋단 말이냐?

임금님은 요즘 날마다 한 가지 생각에 빠져 살았어. 도대체 무엇을 저리 골똘히 생각하는 걸까?

"글을 몰라 억울한 일을 당하는 백성이 그리 많다니 참으로 안타깝구나."

조선의 임금 세종은 막쇠 같은 백성이 무척이나 가여웠어. 자신이 나라를 잘못 다스려서 백성이 고통 받는다고 생각했지.

그런데 얼마 뒤 더 큰 일이 벌어지고 말았단다. 아들이 늙은 어머니를 때린 사건이 생겼거든.

"뭐라고? 부모에게 효를 다해야 하거늘 어찌 그런 일이 생겼단 말이냐? 잘못을 저지르고도 버젓이 거리를 돌아다닌다니, 그게 얼마나 창피한 일인지 백성에게 제대로 알릴 방법이 없단 말인가."

세종은 이 사건을 듣고는 잠도 못 이루고 슬퍼하며 백성을 가르치고 싶어 했어.

"안타깝도다. 글을 알아야 지혜가 무엇이고 덕이 무엇인지, 또 예의가 무엇인지 올바로 알 수 있을 텐데……."

하지만 막쇠처럼 지위가 낮고 가난한 백성은 아침부터 밤까지 일하느라 한자를 익힐 시간이 없었어. 한자는 자주 쓰는 글자만 해도 몇 천자나 되어, 배우려면 시간이 아주 오래 걸렸거든. 그러니 농사일을 하지 않는 양반이나 배울 수 있었던 거지.

"좋은 방법이 없을까?"

세종은 궁리하고 또 궁리하다가 결정했어.

"누구나 쉽게 배울 수 있는 글자를 만들자!"

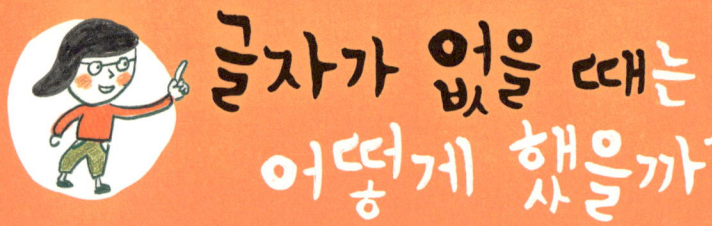
글자가 없을 때는 어떻게 했을까?

글자가 없던 시대에는 행동이나 말로 자기의 생각을 나타냈어. 그러니 먼 곳에 있는 사람한테는 알릴 수가 없었지. 모습도 안 보이고 말소리도 들리지 않을 테니까. 또 말이나 행동은 시간이 지나고 나면 다시 볼 수도, 다시 들을 수도 없을 뿐 아니라, 말을 한 사람도 나중에는 자기가 했던 말을 잊어버려서 여러 사람에게 전할 말이 있어도 제대로 전하기가 어려웠어.
사람들은 이런 문제를 해결하려고 궁리했단다.
"그림으로 그려 놓으면 되지 않을까?"
그림은 시간이 지나도 쉽게 사라지지 않고, 누구에게나 알릴 수 있다고 생각한 거지.

그때부터 사람들은 자신의 생각을 나타내고자 할 때 그림을 그렸어.
"커다란 소를 잡게 해 주세요!"
옛날 사람들은 캄캄한 동굴 벽에 간절한 소망을 그림으로 나타내기도 했어.
"고래를 잡을 때는 작살을 사용해야 한단다."
자손들에게 가르치고 싶은 걸 바위에 그리거나 조각하기도 했지.
우리나라에도 옛날 사람들이 그린 바위그림이 있어. 울산 반구대 바위에 여러 종류의 고래와 고래잡이 어선, 그리고 호랑이와 사슴 등이 그려져 있단다.
그러니까 글자는 그림에서 시작된 거야.

자연과 과학을 담은 우리 글자

탄생! 훈민정음

　한자는 글자 수가 너무 많아. 그래서 세상에서 가장 배우기 힘든 글자라고 하지.

　하지만 한글은 달랑 24자야. 한자에 비하면 한글 배우기는 식은 죽 먹기지. 슬기로운 사람은 하루에 다 배울 수 있고, 어리석은 사람이라도 열흘이면 다 배울 수 있어.

　우리나라 사람이 글을 잘 읽고 잘 쓰는 건 그만큼 한글이 쉽기 때문이야.

　막쇠 자식들도 한글을 배웠을까?

새로운 글자를 만들기로 결심한 세종은 이웃 나라 글자가 어떻게 만들어졌는지 알고 싶었어.

"중국, 일본, 몽골 등 이웃 나라의 책을 구해 오너라."

세종은 책을 구해다 읽고 깊이 연구하고 신하들을 중국에 보내 글자에 관한 것을 배워 오라 했지.

'누구나 쉽게 배울 수 있는 글자는 되도록 글자 수가 적어야 하고, 눈으로 봐서 쉽게 알 수 있어야 할 텐데……'

세종은 밤이나 낮이나, 비가 오나 눈이 오나 하루도 쉬지 않고 연구했어. 우리말에 맞는 우리글을 만들려고 얼마나 열심히 책을 읽었는지 나중에는 눈병이 나고 말았지. 그래도 세종은 글자 연구를 멈추지 않았단다. 오로지 한 가지 생각뿐이었거든.

'우리글이 필요해!'

세종은 글자를 발명하기 위해 소리가 어떻게 입 밖으로 나오는지도 자세히 관찰했어. 그 결과 소리를 나눌 수 있게 되었단다.

"소리는 첫소리, 중간소리, 끝소리로 나눌 수 있어."

세종은 왕실 가족과 함께 연구한 것을 바탕으로 또 연구하고, 또 연구하여 소리 나는 대로 적을 수 있는 글자를 만들었어.

자음 ㄱㄴㄷㄹㅁㅂㅅㅇㅈㅊㅋㅌㅍㅎㆆㆁㅿ (17자)
모음 ㅏㅑㅓㅕㅗㅛㅜㅠㅡㅣㆍ (11자)

드디어 우리글 훈민정음이 탄생한 거야. 1443년의 일이지. 세종은 책 맨 앞에 왜 훈민정음을 만들었는지 써 놓았어.

우리말은 중국말과 달리 한자와 서로 뜻이 통하지 않는다.
그러니 백성들은 말하고자 하는 것이 있어도
자기 뜻을 글로 나타낼 수 없다.
내가 이를 딱하게 여겨 새로 스물여덟 글자를 만들었으니,
모든 백성이 쉽게 배워서 날마다 쓰는데
불편하지 않도록 하려 함이라.

그런데 한글이 아니라 왜 훈민정음이냐고?
 당시에는 한글을 훈민정음이라 했거든. 훈민정음의 뜻은 '백성을 가르치는 바른 소리'야. 누구나 쉽게 배울 수 있는 글을 만들어 백성끼리 서로 좋은 일은 널리 알리고, 나쁜 일은 서로 충고해 줄 수 있게 하려는 세종의 마음이 그대로 담겼지.
 훈민정음이 만들어진 때에는 28자였지만 세월이 흐르면서 4자가 줄어들어 지금은 24자밖에 안 돼. 외울 것이 줄었으니 배우기가 더 쉬워졌지.

소리가 살아 있는 우리글

암탉은 꼬꼬댁 꼬꼬댁
돼지는 꿀꿀꿀꿀
개구리는 개굴개굴
고양이는 야옹야옹
바람은 휘이잉 휘이잉
빗방울은 주룩주룩
천둥은 우르르쾅쾅

어떤 소리든 한글로 쓰지 못하는 건 없어.

> 바람 소리, 학 울음소리, 닭 우는 소리, 개 짖는 소리라 하더라도 모두 적을 수 있다.

 한글이 어떻게 만들어졌는지 적어 놓은 〈훈민정음해례본〉에 적혀 있는 글이야. 〈훈민정음해례본〉은 집현전 학자들의 도움을 받아 완성되었어.
 정말 한글은 어떤 소리든 적을 수 있지.
 소리의 이치를 밝혀서 소리와 문자를 조화롭게 만든 덕분이야. 그래서 한글을 소리글자라고 한단다. 한자는 뜻을 알아야 하는 뜻글자야.
 소리나 행동을 흉내 내는 말은 세계에서 우리말이 가장 발달했어. 다람쥐가

도토리를 먹는 모습 하나도 얼마나 다양하게 표현할 수 있는지 몰라.

다람쥐가 도토리를 야금야금, 야물야물, 오독오독, 오도독오도독, 냠냠냠, 갉작갉작, 와작와작……….

놀랍지 않니? 똑같은 행동을 보고도 이렇게 다르게 표현할 수 있다니 말이야.

방귀만 봐도 그래. 뀐다 뀐다 방귀를 뀐다.

뽀웅, 뿌웅, 빵, 피식, 뿌지직, 빠바바방, 뽀오웅, 뿡뿡, 북북북북…….

이렇게 다양하게 방귀 소리를 표현할 수 있지. 무엇이든 소리로 나타낼 수 있어서 동물 이름도 울음소리를 따라 지은 것이 많아.

개굴개굴 개구리, 딱딱딱 딱따구리, 뜸북뜸북 뜸부기, 부엉부엉 부엉이, 맴맴 매미…….

또, 또 뭐가 있을까?

뜻글자는 뭐고 소리글자는 뭐지?

글자 '가'를 가지고 우리글과 한자가 어떻게 다른지 볼까?
한글의 '가'는 하나뿐이잖아.
한자의 '가'는 여러 가지가 있어. 家, 價, 可, 假, 加, 歌…….
이 글자들은 읽을 때 모두 '가'로 읽지.
한글은 소리 나는 대로 그냥 '가'야. 그래서 소리글자라고 해.
한자는 소리는 같아도 글자마다 각각 다른 뜻이 있어. 그래서 뜻글자라고 하지.
家(집 가)는 집이란 뜻이고
價(값 가)는 얼마 할 때 값을 나타내는 뜻이고
可(옳을 가)는 옳다는 뜻이지.
加(더할 가)는 더한다는 뜻이고
假(거짓 가)는 거짓이라는 뜻이야.
歌(노래 가)는 노래라는 뜻이고.
이것 말고도 한자 '가'는 많아. 더 알고 싶으면 컴퓨터 자판으로 '가'를 치고 맨 밑줄에 있는 '한자' 키를 눌러 봐. 정말 많지?

28자 속에 숨은 비밀

 나무는 큰 줄기에서 작은 가지가 뻗어나가. 한글도 그래. 기본이 되는 큰 줄기가 있고, 그 줄기에서 작은 가지를 뻗어나가거든.
 한글이 만들어진 원리를 어떻게 아느냐고?
 바로 〈훈민정음해례본〉이 있기 때문이지. 한글이 어떻게 발명되었는지 그 과정을 자세히 적어 놓은 책이야. 이 책이 발견되기 전에는 어림짐작으로 이렇게 말하는 사람도 있었대.
 "한글은 창문의 네모난 창살을 보고 만들었다네."
 "인도 글자인 산스크리트어를 흉내 냈다던데."
 하지만 〈훈민정음해례본〉이 발견되면서 한글이 얼마나

과학적으로 만들어졌는지 밝혀졌단다. 기본 자음에 숨은 비밀이 뭔지 아니?

자음은 소리 낼 때의 목구멍이나 입술, 혀, 이 등의 모양을 본떠서 만들었어.

ㄱ은 혀가 목구멍을 막는 모양
ㄴ은 혀가 윗잇몸에 닿는 모양
ㅁ은 입 모양

ㅅ 은 이 모양
ㅇ 은 목구멍 모양을 본떠서 만들었지.

이렇게 기본음에 획을 더해서 만들었지.

ㄱ→ㅋ
ㄴ→ㄷ,ㅌ (ㄷ→ㄹ)
ㅁ→ㅂ,ㅍ
ㅅ→ㅈ,ㅊ (ㅅ→ㅿ)
ㅇ→ㆆ,ㅎ (ㅇ→ㆁ)

이렇게 만든 기본음에 획을 더해서 나머지 자음을 만들었어.

모두 17자야.

기본 모음에 숨은 비밀은 뭐냐고?

바로 자연을 생각하면서 만들었다는 거야.

　・ (아래 아)는 하늘의 둥근 모양

　ㅡ 는 평평한 땅의 모양

　ㅣ 는 똑바로 서 있는 사람의 모양을 본떠서 만들었지.

한글은 자연의 모든 걸 담고 있다고.

모음도 자음처럼 기본 모음에 획을 더해서 나머지 모음을 만들었어. 모두 11자야.

지금은 3개의 자음(ㅿ, ㆁ, ㆆ)과 1개의 모음(ㆍ)이 쓰이지 않아 총 24자야. 자음과 모음을 가지고 어떻게 글자를 만들었는지

살펴볼까? 우리 친구들은 학생이니까 '학생'을 예로 들어 보자.

참, 세종대왕이 소리를 첫소리(초성), 중간소리(중성) 끝소리(종성)로 나눈 거 알고 있지?

아하, 그러니까 글자는 자음과 모음이 더해서 만들어지는 거구나. 이제 28자 속에 숨은 비밀을 조금은 알겠지?

 # 다른 글자는 어떻게 만들어 졌을까?

한글은 누가 어떻게 만들었는지 〈훈민정음해례본〉에 설명되어 있어. 하지만 다른 여러 글자는 언제 어떻게 만들었는지 알기 어려워. 어느 한 사람이 발명한 게 아니라 오랜 세월에 걸쳐 변화된 것이거든.
세계 최초의 글자는 고대 수메르 사람들이 쓰던 글자야. 진흙으로 만든 판에 날카로운 도구로 그림을 그려 놓았지. 세월이 지나면서 복잡한 그림이 단순한 기호로 바뀌었는데 그 모양새가 나무못인 쐐기와 비슷해서 쐐기문자라고 한단다.
중국 글자인 한자도 마찬가지야. 한자는 사물의 모양을 보고 만든 글자(상형문자)로, 세월이 흐르면서 모양이 달라졌어.

한자 상형문자의 변화

ma 말 마	상나라	대전체	소전체	예서체	행서체	간자체

고대 이집트에는 아름다운 상형문자가 있었어. 학자들은 이 상형문자가 세월이 흐르면서 변해 지금 사용하는 알파벳이 만들어졌을 것으로 생각하지.

고대 이집트 상형문자

그림	뜻	음
🦅	독수리	(성문폐쇄음)
	갈대잎	í
	팔	'(a)
	메추라기 병아리	w
	다리	b
	자리	p
	뿔 달린 독사	f
	올빼미	m
	물	n
	입	r
	갈대 오두막	h
	아마 새끼줄	ḥ
	철망	ḫ
	동물의 내장	kh
	문걸이	s
	접는 옷	ś
	물 저장고	š
	언덕	ḳ
	바구니	k
	항아리 받침	g
	빵 덩어리	t
	밧줄	ch
	손	d
	물뱀	dj

45

훈민정음을 널리 알리다

훈민정음으로 노래를 짓다

종이비행기나 고무동력기를 만들면 밖으로 나가서 잘 나는지 시험해 보지? 세종대왕도 그랬어. 자신이 만든 글이 우리말과 잘 맞는지 시험해 보고 싶어 했지.
"어떻게 시험해 볼까? 옳지. 노래를 지어 부르면 되겠구나!"
어떤 노래를 지었을까? 시험은 성공했겠지?

세종대왕은 훈민정음을 1443년에 만들고 나서 3년 동안이나 우리말과 잘 맞는지 시험한 뒤, 1446년에 세상에 널리 퍼뜨려 알게 했어.

훈민정음으로 처음 만든 노래책은 〈용비어천가〉야.

어떤 내용이냐고?

왕들의 공을 찬양하는 노래야. 조선을 세운 것이 하늘이 내린 명령에 따른 것이니 후세의 왕들은 하느님을 공경하고 백성을 다스리는 일에 부지런해야 한다는 내용이지.

용비어천가는 이렇게 시작돼.

海東(해동) 六龍(육룡)이 느르샤
일마다 天福(천복)이시니
古聖(고성)이 同符(동부) ᄒᆞ시니

좀 어렵지? 무슨 뜻인지 알 수 있게 한자의 뜻을 먼저 풀어야겠는 걸.

'해동'은 우리나라, '육룡'은 여섯 마리 용, '느르샤'는 날다, '천복'은 하늘의 복이고. '고성'은 옛 성인, '동부'는 꼭 맞는다는 뜻이야.

그래도 이해하기 어렵다면 친절하게 알려 주지.

우리나라에 여섯 마리의 용이 나시어
하는 일마다 하늘에서 복이 내리니
이는 옛날 성인들이 하는 일과도 같다.

다음 건 좀 더 쉽게 읽을 수 있을 거야. 각 자음에 붙어 있는 'ㆍ'를 '아'로 읽어 보렴.

불휘 기픈 남ᄀᆞᆫ ᄇᆞᄅᆞ매 아니 뮐ᄊᆡ
곶 됴코 여름 하ᄂᆞ니
ᄉᆡ미 기픈 므른 ᄀᆞ므래 아니 그츨ᄊᆡ
내히 이러 바ᄅᆞ래 가ᄂᆞ니

뿌리가 깊은 나무는 센 바람에도 움직이지 아니하므로,
꽃이 좋고 열매도 많으니
샘이 깊은 물은 가뭄에도 끊이지 않고 솟아나므로,
내가 되어서 바다로 간다.

〈용비어천가〉 노래 가사는 125줄이나 된단다. 요즘은 안 쓰는 글자도 있고, 맞춤법이 달라서 읽기가 쉽지는 않았지?
하지만 바람이란 뜻의 'ᄇᆞᄅᆞ'를 읽을 때 '바라'로 소리 나는 것을 보면 우리가 쓰는 말에 가깝게 글자를 만들었다는 걸 알 수 있지.

훈민정음이 만들어졌을 때 모두 좋아했을까? 그렇지 않아.

"전하께서 새로운 글을 만들었다는 게 정말이오?"

"그렇다오. 왜 만드셨는지 모르겠소!"

"중국에서 알기라도 하면 어쩌시려고……."

이렇게 한글이 만들어진 걸 반대하는 사람들이 많았어. 그 중에 집현전에서 학문을 연구하는 최만리라는 선비가 있었는데 그가 이러는 거야.

"가만히 보고만 있을 수는 없소. 전하께 훈민정음 반대 상소문을 올립시다."

세종이 한글을 만들고 나서 얼마 지나지 않았을 때야. 최만리가 임금께 상소문을 올렸지.

"훈민정음을 만든 것이 신기하기는 하나 옳은 일은 아니라고 생각합니다."

최만리가 왜 그랬을까? 여러 가지 이유가 있는데 가장 큰 이유는 중국이야.

우리 조상은 중국을 선진국으로 생각했어. 그래서 중국을 본받아야 나라가 발전한다고 믿었지. 그 당시 중국은 아시아를 넘어서 비단길을 통해 서양을 오가며 물건을 사고팔았고, 서양 문물을 받아들이기도 했어. 조선 사람 눈에는 중국의 발달한 기술과 문화의 힘이 대단해 보였던 거야.

최만리가 상소문을 올린 것도 이런 이유에서야. 중국을 본받으려면 널리 쓰이는 한자를 써야지, 우리나라 사람만이 쓰는 글자를 만드는 건 부끄러운 일이라고 여긴 거지. 그러면서 몽골, 일본 같은 오랑캐나 자기 나라 글자를 쓴다면서 우리 글자를 만들면 우리도 오랑캐와 똑같아진다고 했어.

또 배우기 쉬운 훈민정음을 사용하면 사람들이 한자 공부를 게을리해서 선진국인 중국 문화를 받아들이기 어려울 것이라

생각했지. 심지어 훈민정음을 야비하고 상스러운 글이라고 깎아내리며 그런 글을 만드는데 시간을 허비하면 안 된다고 했단다.

세종은 최만리가 올린 상소문을 보고 그를 불러 직접 물어봤어.

"네 말을 듣고 있으니 매우 언짢구나. 내가 백성을 사랑하는 마음에 글을 만들었거늘, 시간을 허비한다 하니 내가 그릇된 일을 했다는 말이냐?

신하는 임금이 옳은 일을 하도록 도와야 하거늘 너는 그렇지 않으니 그러고도 네가 임금을 섬기는 신하라 할 수 있겠느냐!"

화가 난 세종은 상소문을 올린 최만리와 상소문에 서명한 신하들을 감옥에 가두라 일렀어.

그러나 다음날 신하 대부분이 풀려났단다. 세종은 생각을 옹골지게 밝히는 신하를 넓은 마음으로 용서한 거야.

훈민정음을 널리 알려라

 "부인, 체통을 지키시오. 어찌하여 고상한 한자를 놔두고 가볍기 그지없는 언문을 배운단 말이요. 언문은 상것이나 배우라 하시고, 당장 그만두시오!"

 영감님이 턱수염을 쓸어내리며 소리치는 걸 보니, 최만리처럼 중국을 섬기며 살아야 한다고 생각하고 있나 봐. 하긴 당시에는 양반 대부분이 그렇게 생각했단다.

 한글이 처음 만들어졌을 때, 나라를 다스리는 관리와 양반은 한글을 거들떠보지도 않았어. 그들은 어렵게 한자를 배우고 한자로 된 중국 책을 읽으며 중국 문화에 빠져 있었거든.

"고상한 한자를 두고 경박한 언문을 배우라고? 어림없는 소리지."

"언문은 아랫사람이나 배우는 상스러운 것이야."

"여자나 배우는 암클이야. 암클!"

옛날에는 한글을 부르는 이름이 많았어. 공식 이름인 훈민정음이 있지만, 대개 '언문'이라고 불렀지. 그 밖에도 언해, 언사, 암클, 중글이라고도 불렀어. 모두 한글을 한자에 비해 낮춰 부르는 말이었지.

양반은 한글을 이렇게 얕잡아 보며 무시하고 한자 쓰기를 고집했어. 그러니 한글이 쉽게 퍼져 나갈 수 없었지.

하지만 세종은 한글이 한자 역할을 대신할 수 있을 것이라 믿었어. 그래서 백성에게 널리 알릴 방법을 궁리했지.

"과거 시험에 언문도 포함시켜라. 그리고 한자 교본을 언문으로 만들어 배포하라."

그뿐 아니야. 나라에 충성하고, 부모에 효도하고, 예절 바른 사람들의 이야기를 모아 놓은 삼강행실을 한글로 옮겨 쓰게 했지. 그러고는 가르칠 만한 양반을 찾아 부녀자나 어린이를 가르치게

했어. 백성이 믿는 불교 교리를 밝혀 놓은 불경도 한글로 옮겨 적었지. 또 세종은 자신이 직접 한글로 글을 지어 신하들에게 보여 주기도 하고, 한글을 새긴 동전을 만들기도 했단다. 세종의 뜻을 아는 왕실 여성도 한글을 적극 사용했지.

 이런 노력으로 한글이 퍼져나가기 시작했고, 한자만 고집하던 양반 사이에서도 한자와 한글을 같이 쓰는 사람이 나타났단다.

훈민정음, 백성의 곁으로 내려오다

> 어머니,
> 진달래꽃 피는 봄이 오니
> 어머니와 함께 화전을 부쳐 먹던 때가 생각나서
> 어머니가 더욱 그리워지네요.

혼인한 여자들은 어머니가 보고 싶으면 이렇게 편지를 썼어.
옛날엔 친정집에 자주 갈 수 없었거든.

한글은 남자보다 여자가 먼저 사용했어. 양반집 여자들이 먼저 한글을 배워 사용하였고, 점점 일반 백성도 배우기 시작했지.
"언문은 쉬워서 누구나 금방 배울 수 있대."
"정말? 그럼 우리도 배우자!"
양반뿐 아니라 이제는 누구나 한글을 배워 사용할 수 있게 된 거야.
막쇠 아들 삼돌이도, 막쇠 딸 삼순이도 한글을 배울 수 있었지.

삼돌이, 삼순이는 글을 몰라 억울한 일을 당한 막쇠가 혼인하여 낳은 아들, 딸이야.

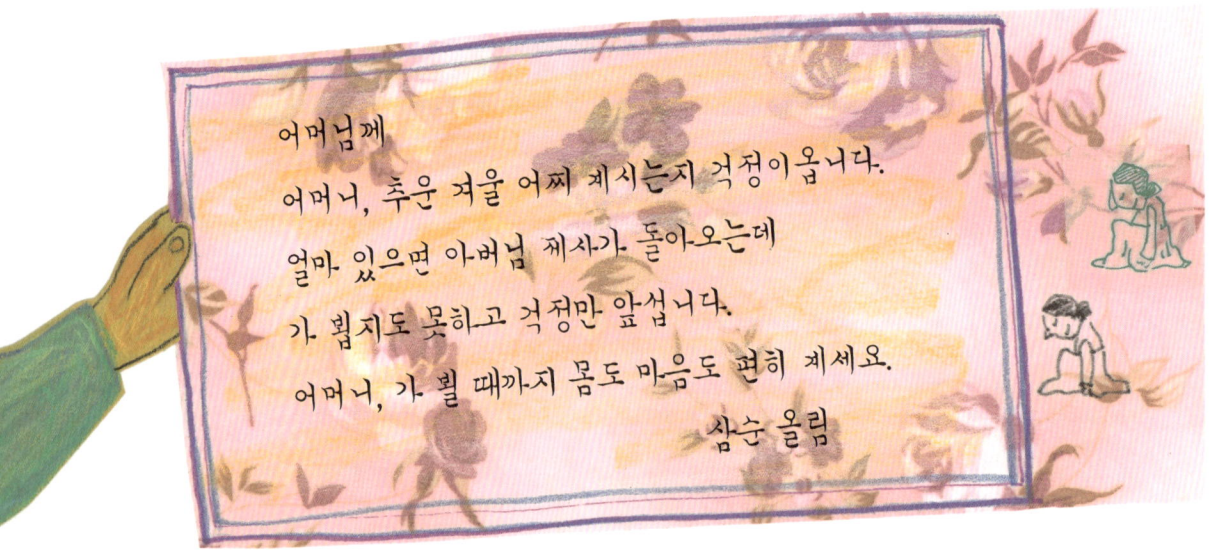

어머님께
어머니, 추운 겨울 어찌 계시는지 걱정이옵니다.
얼마 있으면 아버님 제사가 돌아오는데
가 뵙지도 못하고 걱정만 앞섭니다.
어머니, 가 뵐 때까지 몸도 마음도 편히 계세요.
　　　　　　　　　　　삼순 올림

막쇠 딸 삼순이가 어머니께 쓴 편지야. 어머니는 이 편지를 받고 보고 싶은 딸 생각에 눈물을 찔끔 흘렸을 것 같아.

우리를 대표하는 우리글, 한글

"춘향이는 수청을 들라!"

변 사또가 눈을 부라리며 소리쳤지.

"못 하옵니다."

춘향이가 죽기를 무릅쓰고 사또의 명을 거절했어.

춘향이는 이몽룡을 사랑하고 있었으니까.

"저년을 당장 옥에 가두어라!"

아, 어쩌지? 춘향이가 옥에 갇혀 죽게 생겼네. 대체 이몽룡은 언제 오는 거야?

세월이 흐르자 양반 사이에서도 한글을 배워 사용하는 사람이
조금씩 늘어 갔어.
　한글이 이렇게 퍼져 나가자 노래나 판소리로 전해지던 이야기를
한글로 옮겨 적어 책을 만드는 사람들이 생겨났지. 이때 만들어진
한글 책 가운데는 지금까지도 재미있게 읽히는 것이 많아.
　〈춘향전〉은 누가 지었는지 모르지만, 우리나라 사람이라면
누구나 아는 이도령과 춘향이의 애틋한
사랑 이야기야.

〈홍길동전〉은 허균이라는 사람이 지은 책으로 동에 번쩍 서에 번쩍한다는 홍길동에 관한 이야기야. 잘못된 것을 바로잡아 새로운 세상을 만든다는 내용이지.

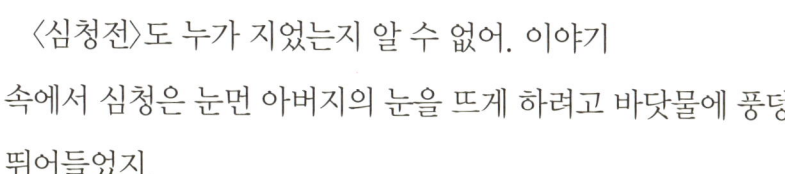

　〈심청전〉도 누가 지었는지 알 수 없어. 이야기 속에서 심청은 눈먼 아버지의 눈을 뜨게 하려고 바닷물에 풍덩 뛰어들었지.

이런 재미있는 이야기가 한글 책으로 만들어지자 일반 백성도 한글로 된 책을 읽으며 생각을 키울 수 있었어. 또 나라에서는 백성을 위해 농사짓는 법에 관한 책도 한글로 만들었단다.

시간이 지날수록 한글로 쓰인 작품이 자꾸 늘어나고, 한글을 배워 읽고 쓰는 사람도 자꾸 늘어 서서히 우리 글자로 자리를 잡아 간 거야.

1896년에는 한글로 된 신문을 만들었어. 바로 〈독닙신문〉이지.

이제 사람들은 신문을 보고 세상 돌아가는 이야기도 알게 되고, 신문으로 글을 깨치기도 했어.

나라마다 다른 글자를 쓸까?

세계에는 여러 나라가 있어. 가장 작은 바티칸부터 가장 큰 러시아까지 모두 250여 개국이야. 이 모든 나라가 고유의 말이나 고유 글자를 가지고 있을까? 세계에서 사용되는 말은 약 6,000여 가지라고 해. 모든 나라가 우리나라처럼 통일된 말을 사용하는 것은 아니기에 말의 종류가 이렇게 많아. 파푸아 뉴기니 섬에는 부족마다 말이 달라서 종류가 1,000개가 넘는다고 해. 하지만 고유의 말이 있어도 글자가 없는 말이 훨씬 더 많단다. 글자를 가진 말은 200여 개 정도거든.
자기 나라 고유의 글을 가지고 자유롭게 쓰는 나라가 많지 않아서 그래. 로마알파벳, 키릴문자, 한자, 가나, 아랍문자, 그리스문자, 타이문자, 히브리문자 등이 있지. 그 가운데 우리 글자 한글도 있단다. 참으로 자랑스러운 일이지.

앗, 한글이 위험하다!

한글을 쓰면 잡아간다고?

"이제부터 한글을 사용할 수 없다! 조선말도 쓰지 마라!"
 허리에 칼을 차고 매서운 눈초리로 아이들에게 소리치는 것 좀 봐. 저 사람은 일본 사람이야. 왜 일본 사람이 우리말과 우리글을 사용하지 말라는 거지?

"조선으로 쳐들어간다!"
 1910년 일본이 총칼을 앞세우고 쳐들어와서 우리나라를 강제로 빼앗았어.
 그러고는 자기들 마음대로 우리말과

우리글을 쓰지 못하게 하고 일본말과 일본글을 쓰라고 강요했지. 그뿐 아니라 우리 역사도 가르치지 못하게 했어. 한글로 된 신문이나 잡지도 만들지 못하게 하고, 심지어는 이름까지 일본식으로 바꾸라고 강요했다니까.

일본이 왜 그랬을까? 그건 나라말 속에 그 나라 사람이 지닌 정신이 담겨 있기 때문이야. 글도 마찬가지고. 그러니까 우리말과 글을 쓰지 못하게 하면 조선 사람의 정신이 사라져서 일본을 잘 섬길 것으로 생각한 거지.

그게 뜻대로 됐을까?

많은 사람이 이런 말을 했어.

"더 많은 사람에게 한글을 가르쳐서 힘을 기릅시다. 그래야만 빼앗긴 나라를 찾을 수 있을 것이오!"

한글을 가르친다고 힘이 생길까? 그럼, 생기고말고. 한글을 익혀야 신문이나 글을 읽고 나라가 어떻게 돌아가고 있는지 알 수 있거든. 그리고 나라를 되찾으려면 어떤 일을 해야 하는지도 알고 행동할 수 있지.

일본이 한글을 쓰지 못하게 했지만 많은 사람이 우리말과 글을 지키려고 피나는 노력을 아끼지 않았단다.

표준말이 필요해

까랭이, 안질뱅이, 자마리, 짬잘래, 쨈자리, 치렝이, 나마리, 앉은뱅이, 잠드레미, 잰자리, 철기, 청랑자, 잼자리, 철리, 청정, 어러리, 짬자리, 절갱이, 초리, 벌거숭이, 발가숭이, 앉을뱅이, 잠마리.

이게 다 무슨 말이지? 무려 23가지나 되는걸.

놀라지마. 이건 다 잠자리를 가리키는 사투리야. 사투리를 들어 보지 못한 사람은 이 단어들이 무슨 뜻인지 모를 거야.

누구든지 단번에 알아들을 수 있는 단어로 표준을 삼아야 하지 않을까?

일본에 의해 사라질 뻔한 우리말을 살리려고 앞장선 사람은 주시경이야. 주시경은 죽을 때까지 한글을 연구하고 가르친 학자야. 그는 국어강습소를 열어 많은 제자들에게 한글을 가르치며 한글의 중요성을 알려 주었단다.

> 말은 사람끼리 서로 뜻을 전달하는 것이다.
> 같은 말을 쓰는 사람끼리는 그 뜻을 이해하여 서로 도와줌으로써
> 저절로 한 덩어리가 되고, 그 덩어리가 점점 늘어 큰 덩어리를 이룬다.
> 이렇게 사람이 이룬 가장 큰 덩이는 나라이다.
> 따라서 말은 나라를 이루는 것이다.
> 말을 잘 쓰면 나라도 잘되고, 말을 잘못 쓰면 나라도 잘못된다.
> 그렇기 때문에 나라마다 말에 힘을 써야 하는 것이다.
>
> —주시경의 글—

　주시경의 제자들은 스승이 전한 뜻을 이어받아 '조선어학회'를 만들었어. 조선어학회는 한글 맞춤법 통일안을 만들고 표준말도 정리했지. 그때 만든 맞춤법 통일안이 지금 우리가 쓰는 맞춤법의 기초가 되었단다.

　표준말 정리는 사전을 만들기 전에 꼭 해야만 했어. 잠자리를 가리키는 말이 23가지나 되니 표준말을 정하지 않고는 한글 교육을 제대로 하기도, 그에 필요한 기초 자료인 사전을 만들기도

어려웠거든.

　조선어학회가 단순히 한글만 연구한 것은 아니야. 한글을 통해 조선인의 정신을 지키고자 노력했거든.

　한글이라는 이름도 한글날도 이때 만들어졌단다.

　조선어학회가 여러 가지 일을 하자 일본이 가만두지 않았어.

　"조선어학회는 독립운동단체다. 놈들을 잡아들여라."

　일본은 조선어학회 사람들을 잡아다 감옥에 가두고 참지 못할 고문을 했어. 안타깝게도 온갖 고문에 목숨을 잃은 사람도 많았단다. 그분들은 우리글을 지키기 위해 싸우다 고통스럽게 죽어간 거야.

　1945년이 되어서야 우리는 일본의 손아귀에서 벗어날 수 있었지. 그 뒤로 우리말과 글을 자유롭게 쓸 수 있게 되었단다.

통신언어 때문에 한글이 아파요

어케 어떻게

담탱 담임선생님

즐 남을 빈정거리거나 마음에 안 들어 따돌릴 때 내는 소리

ㅋㅋㅋ 웃음소리

△ ♪람P 사람

2뿡. ㄱ.ㅏ ㄹ.l ㅂ.l 예쁜 가리비

　공장에서 새로운 말을 자꾸 만들어내고 있구나. 이러다가 우리나라 사람이 우리말도 이해 못 하면 어쩌지? 나중에라도 신조어 생산 공장에 취직할 생각 하지 마. 열심히 일해도 돈 한 푼 못 받고 엄마 아빠한테 구박만 잔뜩 받을 테니까.

　통신언어는 주로 청소년과 20대 젊은이들이 만들어 내고 있어. 통신언어가 뭐냐고? 인터넷이나 휴대전화 문자 등을 보낼 때 사용되는 글이야.

　휴대전화 문자를 보내거나 인터넷 채팅을 할 때는 정해진 공간에서 짧은 시간에 말을 전해야 하기 때문에 말을 줄여서 하게 되는 것 같아. 그렇다고 마구 줄이거나

이상하게 만들어 쓰는 건 좋지 않아. 그런 것은 아무리 봐도 무슨 뜻인지 짐작하기 어렵거든.

휴대전화 문자나 인터넷 채팅할 때 쓰던 통신언어가 이제는 일상생활에서도 많이 쓰이고 있어서 걱정이야. 어른들은 알아듣기 어려운 말이 많거든.

학생들이 자주 사용하는 안냐세염, 즐, 허걱, 아햏햏, 깜놀, 뭥미, 우왕……. 이런 말을 잘 아는 어른은 별로 없을 거야. 특히 나이 지긋한 어르신들은 더 모르실 테지.

"우리 손자가 외국어를 하나?"

이럴지도 몰라.

새로 만들어지는 통신언어가 무조건 나쁘다고 할 수는 없어. 말도 세월이 흐르면서 조금씩 달라지는 게 당연하거든. 그건 우리가 자라면서 모습이 달라지는 것과 같은 거지.

하지만 뜻이 제대로 통하지 않을 정도로 마구 만들어서 사용하는 건 좋지 않아. 또 새로운 말을 무조건 따라 하는 것도 좋지 않단다.

통신언어를 실생활에서 너무 많이 사용하는 것도 문제지만, 예부터 전해 내려온 예쁜 우리말이 점점 사라지는 것도 문제야. 우리가 잘 사용하지 않기 때문이지.

가리온 털이 희고 갈기가 검은 말

여우비 맑은 날 잠깐 뿌리는 비

갈무리 물건을 잘 정돈하여 간수함

구름발치 구름이 맞닿아 뵈는 먼 곳

깨금발 뒤꿈치를 들어 올린 발

너울가지 남과 잘 사귀는 솜씨

늘품 앞으로 좋게 발전할 가능성

동살 새벽에 동이 터서 훤하게 비치는 햇살

미쁘다 믿음직하다
둥개다 일을 감당하지 못하고 쩔쩔매다
들모임 야유회
산마루 산꼭대기
가람 강
볼우물 보조개
여우별 궂은 날 잠깐 보였다가 사라지는 별
시나브로 모르는 사이에 조금씩
도투락 어린아이의 머리댕기
타래 실이나 노끈 등을 사려 뭉친 것
노고지리 종달새
마파람 남쪽에서 불어오는 바람

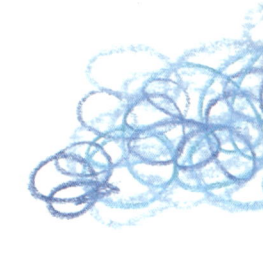

순 우리말 참 예쁘지?
이 중에서 친구들이 알고 있는 단어는 얼마나 되니?
순 우리말이 사라지지 않도록 자주 쓰고,
친구들한테도 널리 알려 주자.

 모두 다 표준말을 쓸까?

한 가지 말이 모든 지역에서 똑같이 나타날까?
그렇지 않아. 같은 말이지만 특정 지역에서는 다르게 나타나는데, 말소리의 높낮이가 다르게 나타나기도 하고, 아예 단어가 달라진 것도 있어. 그게 바로 사투리야.
사투리는 지역마다 특성이 있어서 말소리만 들어도 그 사람이 어느 지역 사람인지 알 수 있어.
호랑이가 고슴도치를 삼킨 이야기를 표준말과 사투리로 들려줄게.

표준말
옛날에 호랑이가 고슴도치를 보고 꿀떡 삼켰다가 가시에 찔려 혼쭐이 났어.
"켁켁 에구 에구, 죽을 뻔했네."
호랑이는 고슴도치를 뱉어 내고는 멀리멀리 달아났지.
다음 날이 되었어.
호랑이가 강물에 동동 떠내려오는 밤송이를 보고 넙죽 엎드리며 이랬대.
"아이구 형님, 어디 가십니까?"

표준말로 하면 이래.
이제 사투리로 들려줄게. 어떻게 다른지 살펴봐.

전라도 사투리

옛날에 호랭이가 고슴도치를 첨 봤당만,
요것이 멋이당가 험서 꿀꺼덩 생켜 부렀어.
아, 긍께 어찌겄어. 목구녁에 까시가 찔려 혼이 났제.
"켁켁 아이고, 혼났다 죽을라다 살았다."
호랭이는 고슴도치를 뱉어 불고는 멀찌감치 내빼 부렀어.
그 담날이여.
호랭이가 강물에 동동 떠내려 오는 밤송이를
봐 부렀네. 긍께 그 자리에서 납작허니
엎어져서는 이랬당만.
"아이고, 형님, 어디 갈라고 그러요!"

경상도 사투리

옛날에 호랑이가 고심도치를 첨 봤는기라.
그래가꼬 요게 뭐신가 하며 고마 꿀떡 삼키
쁏는기라.
글카다가 목구녕에 까시가 박히가꼬
혼구녕이 났다 아이가.
"켁켁, 아이고 아이고 뒤질 뻔했네."
호랑이는 고심도치를 뱉아 뿌고는
저만치 내뺐는기라.
그 담 날. 호랑이가 강물에 동동
떠내리오는 밤송이를 본 기라.
그카자 그 자리에서 납작 자빠지면서
뭐란 줄 아나?
"아이고, 행님, 어데 가십니꺼?"

충청도 사투리

옛날에 워떤 호랑이가 고슴도치를
보니께 맛있게 생겼거든. 그러니께 홀떡
생켰다가 목구녕에 까시가 찔려 혼났단 말여.
"켁켁 아이구 아이구. 워치켜. 나 죽게 생겼네!"
호랑이는 고슴도치를 얼름 뱉어 버리구 냅다 도망을 갔쟈.
고 이튿날이여. 호랑이가 강물에 동동 떠내려 오는 밤송이를
보더니 아 글쎄, 냅다 엎드려 절 허더니 이러더라지 뭐여.
"아이구 우리 성님, 워디 가신대유?"

사투리가 정말 친근하지?
사투리로 옛날이야기를 들으니 더 재밌지?

갈수록 빛나는 한글

한글이 대단해

말과 글을 연구하는 언어학자가 한글을 처음 보았을 때 어떻게 생각했을까?

"이보게, 아시아의 작은 나라에 한글이라는 아주 간결한 글자가 있다는 소리 들었나?"

"그래. 지금껏 보지 못한 간단한 글자라고 하더군."

"다른 나라에서 들어온 글자가 간결하게 바뀐 것이 아닐까?"

"우리 함께 한글에 대해 알아봅시다."

한글은 1443년에 만들어졌지만, 외국에 알려진 것은 그보다 400년도 훨씬 지난 뒤였어. 조선이 미국, 영국 등의 서양 나라와

교류하면서 알려졌지. 종교를 전하려고 우리나라에 들어왔던 선교사나 다른 나라에서 온 외교관에 의해 알려지기 시작했거든.

처음 한글을 알게 된 언어학자들은 인도 문자나 중국 문자 아니면 몽골 문자를 기초로 해서 만들어진 글자라고 생각했어.

"이렇게 단순한 글자가 있다니! 분명 다른 나라의 글자를 바탕으로 만들었을 거야."

서양에서 온 언어학자들은 어떻게 읽는지 연구하면서 다른 나라 글자와의 관계 속에 한글을 집어넣으려 했어. 한글이 발명되었다는 근거를 찾을 수 없었기 때문이고, 구체적으로 알려지지 않았기 때문이야.

언어학자들은 한글이 인도 문자를 바탕으로 만들어졌거나 알파벳처럼 세월이 흐르면서 자연스럽게 만들어졌을 것이라 생각했어. 하지만 세월이 흐르면서 한글이 좀 더 정확하게 알려지자 언어학자들의 생각이 달라졌단다.

서양의 언어학자들은 한글에 대해 깊이 연구하기 시작했어. 한글이 만들어진 이유와 시기를 연구하였을 뿐 아니라 자음과 모음이 어떻게 만들어졌는지 자세히 연구했지.

"이럴 수가 이렇게 간단하다니!"

"이렇게 짜임새 있는 글자는 지금껏 없었어!"

한글을 연구한 결과가 발표될 때마다 외국의 언어학자들은 놀라고 또 놀랐단다.

〈훈민정음해례본〉이 발견되자 또 한 번 놀랐지. 이 책에는 한글이 다른 글자를 바탕으로 만들어진 것이 아니라, 세종대왕이 발명한 우리 고유의 글자라고 씌어 있었거든. 그와 함께 한글이 세계 모든 글자 중에서 가장 간결하고 과학적인 글자란 것도 알려졌지.

한글이 가진 우수함이 드러난 거야.

한글은 세계 최고의 알파벳

한글은 모든 언어가 꿈꾸는 세계 최고의 알파벳.
인류의 위대한 지적 유산.
세상에서 가장 과학적이고 철학적인 글자.
신이 인간에게 내린 선물.
　　　　한글을 연구한 세계의 언어학자들이 이런 찬사를
보냈어.

나라마다 최고로 자랑하고 싶은 문화유산이
있을 거야. 중국이 자금성을 자랑한다면,

이집트는 피라미드를 자랑하고 싶겠지?

 우리 대한민국은 무엇을 자랑할 수 있을까? 여러 가지 문화유산이 있지만, 한글을 최고로 꼽는 사람이 많아.

 한글은 사람이 소리 내는 기관 모양과 하늘, 땅, 사람을 기초로 과학적이고 철학적으로 만든 글자거든.

 그뿐인가? 기본 자음과 기본 모음에 획을 하나씩 더해서 만든 아주 독특한 글자지.

 소리 내어 읽어 보기만 해도 알 수 있어. ㄱ에 획을 더한 ㅋ은 ㄱ보다 소리가 더 세지. ㄴ보다 ㄷ의 소리가 세고, ㅌ은 그보다 더 세다는 걸 알 수 있잖아.

 한글은 자음과 모음의 모양을 달리하여 누구라도 금세 구별할 수 있어. 하지만 현재 세계 공용어로 쓰이는 영어는 자음과 모음의 모양이 쉽게 구별되지는 않아.

 한글은 세계에서 가장 배우기 쉬운 글자야. 그래서 우리나라 사람은 글자를 모르는 사람이 거의 없지. 초등학교에 들어가기도 전에 거의 다 읽고 쓸 줄 알잖아.

93

하지만 한자를 쓰는 이웃나라 중국은 국민 열 명 중의 한 명꼴로 글자를 모른단다. 한자는 글자 수가 엄청나게 많아서 제대로 배우지 않으면 글을 깨치기 어렵거든. 그래서 한자는 사람이 얼마나 기억할 수 있는지 시험하는 글자라고 말하는 사람도 있어.

루쉰이란 중국의 유명한 문학가는 죽으면서 이런 말을 남겼어.

"한자가 망하지 않으면 중국은 반드시 망한다."

한자가 얼마나 어려우면 그랬겠어.

한글은 세계의 모든 글자 중에서 가장 많은 소리를 글자로 나타낼 수 있어. 일본어 300여 개, 중국어 400여 개, 한글은 10,000개 이상의 소리를 글로 표현할 수 있지. 이 정도면 거의 모든 소리를 나타낼 수 있는 거라고!

한글은 가장 발달한 낱소리글자이자 소리마디 글자야. 낱소리글자란 소리를 가장 작게 나누어 쓰는 글자란 말이야. 한글은 글자 하나를 초성, 중성, 종성으로 나누잖아. 소리마디란 그것을 모아서 한 글자를 만드는 것이야. 이렇게 모아서 쓰기 때문에 가로로 써도 되고, 세로로 쓸 수도 있지.

　어때? 세계의 언어학자들이 한글을 글자 중에 최고라고 하는 이유를 알겠지?

　1997년 10월 1일, 한글은 국제연합교육과학 문화기구인 유네스코로부터 우수성을 인정받아 세계 기록 유산으로 지정되었단다. 정말 기쁜 일이지.

모두 평등한 훈맹정음

글자는 눈으로만 읽을 수 있을까? 점자를 발명하기 전까지는 그랬지. 하지만 요즘은 앞을 볼 수 없는 사람을 위해 만든 점자로도 글을 읽을 수 있어. 점자는 종이 위에 점을 도드라지게 해서 나타내. 그렇게 해서 손끝에 닿는 느낌으로 읽어 내지.

우리가 어려서 한글을 배우는 것처럼 시각 장애를 가진 사람은 점자를 배워. 한글보다 배우기 훨씬 어렵지만 그렇다고 배우는 걸 멈추지 않아. 앞을 볼 수 없을 뿐, 우리랑 다르지 않거든. 책을 읽으며 지식을 쌓고, 지혜를 얻고, 슬퍼하며 기뻐하지. 시각 장애인(맹인)에게 점자는 지식의 문이며 희망일 거야.

이런 점자는 누가 만들었을까? 읽기 쉽고, 쓰기 편한 점자를 만들어 시각 장애인에게 지식을 넓혀 준 사람은 프랑스에서 태어난 루이 브라이야. 한글 점자는 시각 장애아들을 가르치던 박두성이 만들었어. 박두성은 일본이 우리나라를 강제로 지배하던 시절, 1919년부터 7년 동안 연구하여 1926년에 한글 점자를 완성했단다. 앞을 못 보는 시각 장애인을 위한 한글이란 의미로 '훈맹정음'이라는 이름을 붙였지.

점자는 우리 모두가 어울려 살아 가고자 하는 배려인 거야. 점자는 주변에서

쉽게 찾을 수 있어. 엘리베이터, 지하철 안전 손잡이, 캔 음료, 현금인출기 자판……. 글을 쓸 수 있도록 만든 점자 타자기도 있어.
요즘은 여러 가지 책을 점자로 만드는 일을 하고 있어. 점자 도서관에 다양한 책이 책장 가득 꽂혀 있으면 참 좋겠다. 그치?
일반 서점에서도 점자로 되어 있는 책을 쉽게 구할 수 있어. 한 번 읽어 보렴. 눈을 감고 손끝의 느낌을 따라가 봐. 특별한 느낌이 들거야.

이밖에 글자는 아니지만 글자보다 더 분명하게 의미를 전달하는 것도 있어.
딱 보면 무얼 말하는지 금방 알 수 있을 거야.
화장실, 여자, 남자, 비행기, 배, 금연, 전화…….
이런 기호를 픽토그램이라고 해. 그림으로 된 글자란 뜻이지. 픽토그램도 모두가 함께 살아가기 위한 배려야. 여행 중에 그 나라 말이나 글을 모르는 사람들에게 분명하게 의미를 전달 할 수 있거든.
우리 주변에 숨어 있는 색다른 글자들이지.

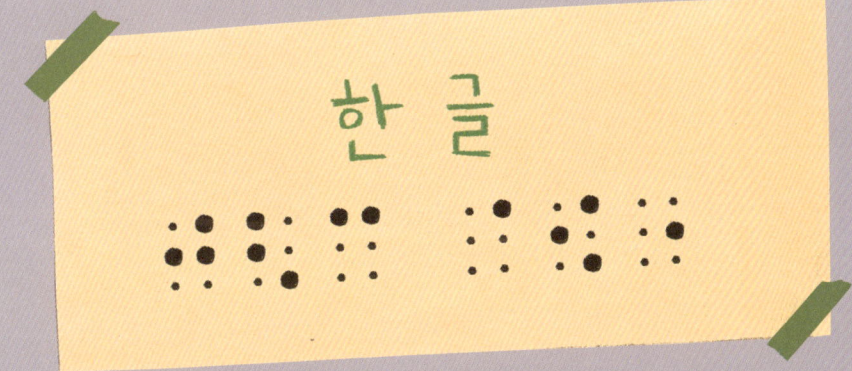

세종대왕상이 생겼어

"우와, 나도 남극 세종기지에 가고 싶어."
남극에 세운 연구기지에는 세종이란 이름이 붙어 있어.
그런데 왜 우리나라 사람들은 좋은 것에 '세종'이라 이름 붙이길 좋아하는지 아니? 그만큼 세종대왕을 우러러 생각한다는 거야.

우리나라엔 훌륭한 위인이 아주 많아. 그 중에 누가 가장 많은 사람의 존경을 받을까? 바로 세종대왕이야. 만 원짜리 지폐 모델이 세종대왕이고, 우리나라에서 가장 넓은 길은 서울 광화문 앞 길인 세종로야. 또 해군함정 가운데 가장 뛰어난 성능을 갖춘 이지스함

이름도 세종대왕함이야. 이지스함이 뭐냐고?

배에 첨단 레이더가 설치되어 있어서 날아오는 미사일을 떨어뜨릴 수 있고 한꺼번에 여러 곳을 공격할 수도 있는 전투 함정이야. 아주 뛰어난 성능을 갖추고 있지.

그런데 우리나라 사람만 세종대왕을 좋아할까?

그렇지 않아. 국제연합(UN)에 속한 기구인 유네스코에서 세종대왕상을 만들었거든. 유네스코는 교육, 과학, 문화 부문의 국제협력을 이끌어 내 세계 평화에 힘쓰는 곳이야.

세종대왕상은 유네스코에서 글자를 모르는 사람들에게 글을

가르치기 위해 노력한 개인이나 단체에 주는 상이지. 한마디로 까막눈을 번쩍 뜨게 하는 데 힘을 쓴 사람이 이 상을 받을 수 있지.

그런데 유네스코에서 왜 세종대왕상을 만들었냐고?

세종대왕이 간결하면서도 과학적인 한글을 만들었기 때문이야. 게다가 한글은 익히기도 쉽잖아. 그래서 글자를 알게 하는 데 힘을 쓴 사람에게 주는 상의 이름에 '세종대왕'을 붙인 거야. 유네스코에서도 세종대왕이 국제적으로 존경받을 훌륭한 사람이라는 걸 인정한 거지.

세종대왕상은 해마다 9월에 상을 탈 사람이나 단체를 정하고 한글날인 10월 9일에 상장과 상금을 줘. 상금은 우리나라 정부가 지원하고 있단다.

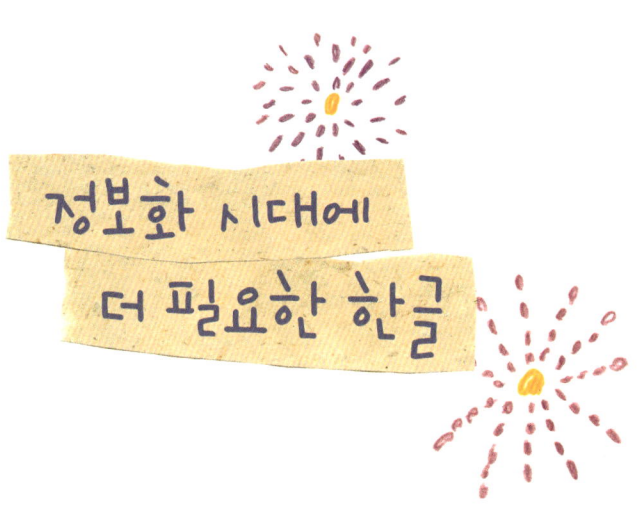

정보화 시대에 더 필요한 한글

정보화 시대를 사는 사람들은 정확하면서도 많은 정보를 가능한 한 쉽고 아주 빠르게 전달받고 싶어 해. 그래서 더 편리하고 빠른 정보화 기기를 만들고자 경쟁이 치열하지. 컴퓨터나 휴대전화 같은 기기는 사람들의 이런 욕구 때문에 만들어졌단다.

요즘 학생들은 휴대전화로 문자를 보내는 속도가 대단히 빨라서 어른들이 보면 깜짝 놀라.

"세상에, 저렇게 빨리 문자를 보내다니!"

학생들이 빨리 문자를 보낼 수 있는 건 한글을 사용하기 때문이야. 글자를 입력할 때 자음과 모음을 모아서 쓰면 되니까.

한글로 문자를 보내는 일은 영어나 중국어, 일본어로 보내는 것보다 훨씬 빨라. 컴퓨터를 가지고 작업할 때도 한글이 중국어나 일본어, 영어보다 속도가 아주 빠르지.

예를 들어 볼까?

한글로 '점심을 먹고 있어.'라고 문자를 보낼 때 '나 점심 중'이라고 줄여서 문자를 보낼 수도 있고, 제한된 화면에서 문자를 더 많이 보내기 위해 '나점심중'이라고 보내기도 해. 띄어쓰기가 안 되어 있어도 무슨 뜻인지 알아볼 수 있어.

영어로는 'I'm having lunch'라고 써. 하지만 모두 붙여 쓰면 알아보기가 힘들지.

일본어로는 '昼ご飯たべてふ'라고 써. 일본어는 띄어쓰기를 안 하지만, 일본 글자인 가나를 입력할 때는

알파벳 소리 기호로 입력하고 나서 해당 문자로 바꿔 줘야 하지.

중국어는 5만 자가 넘는 한자를 컴퓨터 자판에 모두 나열할 수가 없어서 알파벳을 사용해 한자로 바꿔야 해.

그런데 한글은 24자로 모든 뜻을 전달할 수 있으니, 휴대전화로 문자를 보내거나 컴퓨터 작업을 하거나, 인터넷을 검색할 때의 속도가 다른 언어보다 더 빠를 수밖에 없지.

우리나라의 인터넷이 발달한 것도 한글로 빨리 작업할 수 있기 때문이야. 그러니까 우리가 첨단 기기를 손쉽게 이용할 수 있는 것도 다 한글 덕분이란 말씀!

한글, 예술작품으로 변신하다

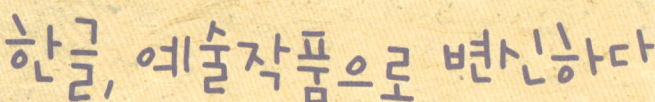

"한글날에는 한글 옷을 입자!"

한글날에 한글 옷 패션쇼가 열렸네. 자음과 모음이 참 멋스럽구나. 글꼴도 여러 가지네. 이렇게 멋진 한글 옷을 자주 입을 수 있으면 좋겠다. 그치?

패션 디자이너 이상봉은 세계 사람들에게 한글의 아름다움을 알리려고 한글이 찍힌 옷감으로 옷을 만들었어. 그 옷을 가지고 파리에서 패션쇼를 했지.

사람들 반응이 어땠을 것 같아?

한글 옷을 본 외국 사람들은 독특한 아름다움에 흠뻑 빠져들었단다.

"오, 아름다워."

"섬세하고 낭만적이야!"

"환상적이야!"

한글이 패션 소재로만 떠오른 것은 아니야. 아주 다양한 곳에서 한글 디자인이 쓰이고 있거든. 주변을 꼼꼼하게 살피다 보면 한글 디자인을 쉽게 찾을 수 있어.

한글은 모양이 아름답고 조화로워서 조합을 하면 다양한 디자인이 나올 수 있지.

건물 벽에 붉은 벽돌만 있으면 심심하니까 한글 자음 모양을 본떠서 만든 열매를 주렁주렁 매달기도 하고, 자음 모양을 장식한 반지도 있어.

그 뿐만이 아니야.

전등에도 한글 디자인, 귀고리에도 한글 디자인, 우산에도 한글 디자인이 자리 잡았어. 한글로 만든 조각상도 있단다.

한글이 디자인에 쓰일 수 있는 건 한글의 모양새가 아름답기도 하지만, 글자 조합이 만 천개나 돼서 다양한 디자인을 만들어 낼 수

한글, 담쟁이
알루미늄 / 가로 20m×세로10m / 2007

99한글ㄷ
한창조/부여 구드래 조각 공원

있기 때문이야.

　이제 한글은 글자의 기능을 넘어서 눈으로 보는 예술 작품으로 새롭게 태어난 거야.

　해외여행을 갔다가 거리에서 한글 디자인을 발견한다고 생각해 봐. 자랑스러워서 가슴이 막 뛰지 않을까?

한글을 먹다
주용준, 박창준 / 제4회 한글문화상품
아이디어 공모전 렌더링 부문 좋은상

자랑스러운 우리 한글

 글자 중에 한글처럼 자유롭게 쓸 수 있는 게 또 있을까? 아직은 없다고 해. 그러니 한글의 미래는 밝다고 할 수 있지. 하지만 한글을 사용하는 우리가 아무 노력도 하지 않으면 한글의 미래가 어두워질지도 몰라.
 그럼 우리가 어떻게 해야 하느냐고?
 욕설이나 뜻을 잘 모르는 통신언어를 마구 쓰지 않고, 우리말로 고쳐 쓸 수 있는 외래어는 쉽고 예쁜 말로 바꿔 써야 해. 그럼 한글의 미래는 아주 밝아질 거야.
 또 세계 속으로 한글을 퍼뜨리려 노력해야 한단다. 아직도 세계에는 나라 고유의 글자가 없는 곳이 많으니까 그 나라에 한글로 글자를 만들어 주면 좋을 거야. 정말 의미 있는 일 아니니?
 아직은 시작에 불과하지만 실제로 이런 일을 하는 훌륭한 학자들이 있어. 2009년 8월에는 첫 번째 열매를 맺었지. 인도네시아에 있는 찌아찌아족이 한글을 공식 문자로 채택했거든. 이런 노력을 앞으로도

꾸준히 하다보면, 미래에는 세계 어디서든 쉽게 한글을 만날 수 있지 않을까?

또 문화와 경제의 발전도 한글을 알리는 데 큰 힘이 된단다.

세계의 여러 대학에서 한국어를 가르치고 있다는 것 알고 있니? 대학에서 다른 나라의 언어를 가르친다는 것은 그 나라의 문화나 경제에서 배울 점이 많다는 뜻이야.

나중에 대한민국의 경제, 문화의 힘이 강해져서 한글이 세계 공통언어가 되면 얼마나 좋을까?

그런 날이 빨리 왔으면 좋겠어. 너도 그렇지?

우리말 사전

책을 덮기 전에 주는 선물이야.
우리 주변에서 종종 쓰이지만 뜻을 정확하게 알 수 없는 말을 모아 봤어.
읽어 보고 친구에게 우리말을 뽐내 봐.

주전부리
군음식 따위를 때를 가리지 않고 자꾸 먹는 짓.

터울
한 어머니가 낳은 자식들의 나이 간격.

마수걸이
첫 번째로 물건을 파는 일.

넝마주이
넝마나 헌 종이 따위를 주워 모으는 일 또는 그 일을 하는 사람.

부지깽이
불꽃이 좀더 잘 일어나도록 쏘시개감을 헤집는 데 쓰는 막대기.

깜냥
일을 가늠 보아 해낼 만한 능력.

자리끼
잠자리에서 마시기 위하여 머리맡에 떠 놓는 물.

바투
두 물체 사이가 썩 가깝게.

구들
열 현상을 효과적으로 응용한 특색 있는 시설로 우리나라에서 크게 발달한 난방시설로 온돌(溫突)이라고도 함.

곤죽
매우 질어서 질척질척한 것, 일이 얽혀 갈피를 못 잡게 됨을 이르는 말.

감질
먹고 싶거나 가지고 싶어서 애타는 마음.

너스레
수다스럽게 떠벌리는 말이나 행동.

몽니
심술궂게 욕심 부리는 성질.

설레발
몹시 서둘러대며 부산을 피움.

외탁
생김새나 성질 등이 외가(外家) 쪽을 닮음.

추파
이성을 향해 은근하게 전하는 눈빛.

데면데면
사람을 대하는 태도가 친숙성이 없어 덤덤한 모양.

따따부따
서로 뜻이 맞지 않아 딱딱한 말로 이러쿵저러쿵 따지는 모양.

허투루
대수롭지 않게, 아무렇지 않게.

꼼수
쩨쩨한 수단이나 방법.

휘뚜루마뚜루
이것저것 가리지 않고 닥치는 대로 마구 해치우는 모양.

추렴
모임이나 놀이 또는 잔치 따위의 비용으로 여럿이 각각 얼마씩의 돈을 내어 거둠.

어깃장
어떤 일을 할 때 끼어 들어서 참견을 하거나 훼방을 놓는 것.

괴발개발
글씨를 함부로 이리저리 갈겨 써 놓은 모양.

식겁
뜻밖에 놀라 겁을 먹다라는 뜻. 주로 경상도 사투리로 오해하지만 본래 한자어 식겁(食怯)에서 나온 말.

모르쇠
아는 것이나 모르는 것이나 그저 모른다고 딱잡아 떼는 일.

쥐락펴락
자기 손아귀에 넣고 마구 휘두르는 모양.

어중이떠중이
여러 방면에서 모인, 변변찮은 잡다한 사람을 얕잡아 이르는 말.

천둥벌거숭이
철없이 함부로 덤벙거리는 사람을 낮추어 이르는 말.

딴죽걸다
상대방 다리를 걸어 넘어뜨리거나 서로 합의가 되었던 일을 딴 짓을 하여 어기는 일.

참고도서
〈28자로 이룬 문자 혁명 훈민정음〉 김슬옹, 아이세움
〈세종이 발견한 최고의 알파벳 한글〉 김영욱, 루덴스
〈대한민국 대표 브랜드 한글〉 김미경, 자우출판사
〈한글과 민족문화〉 허웅, 세종대왕기념사업회
〈문자이야기〉 앤드류 로빈슨, 사계절

한글 예술 작품과 아이디어 상품 사진의 게재를 허락해 주신 쇳대 박물관,
세종대왕기념사업회와 주용준, 박창준 님께 감사드립니다.

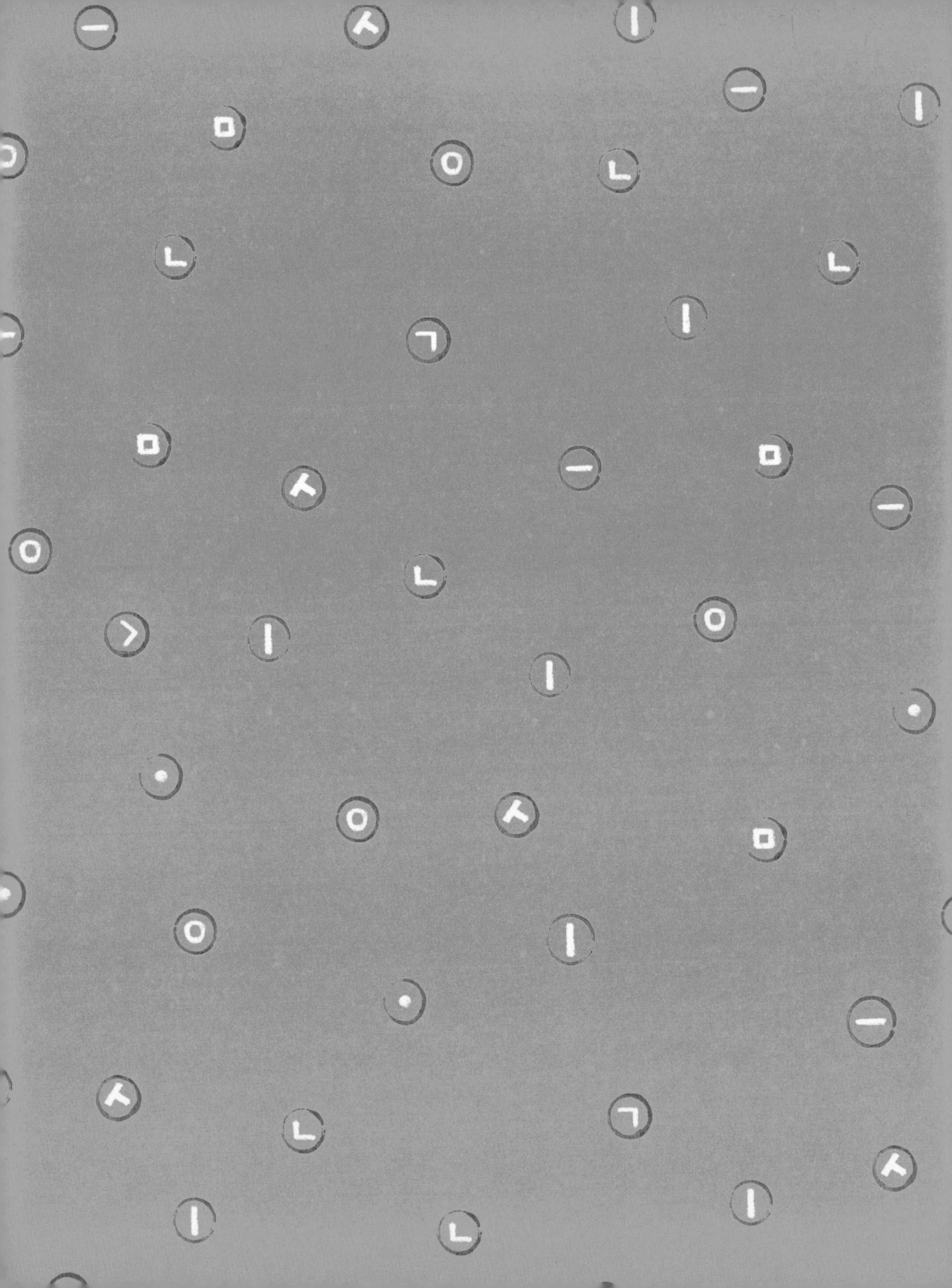

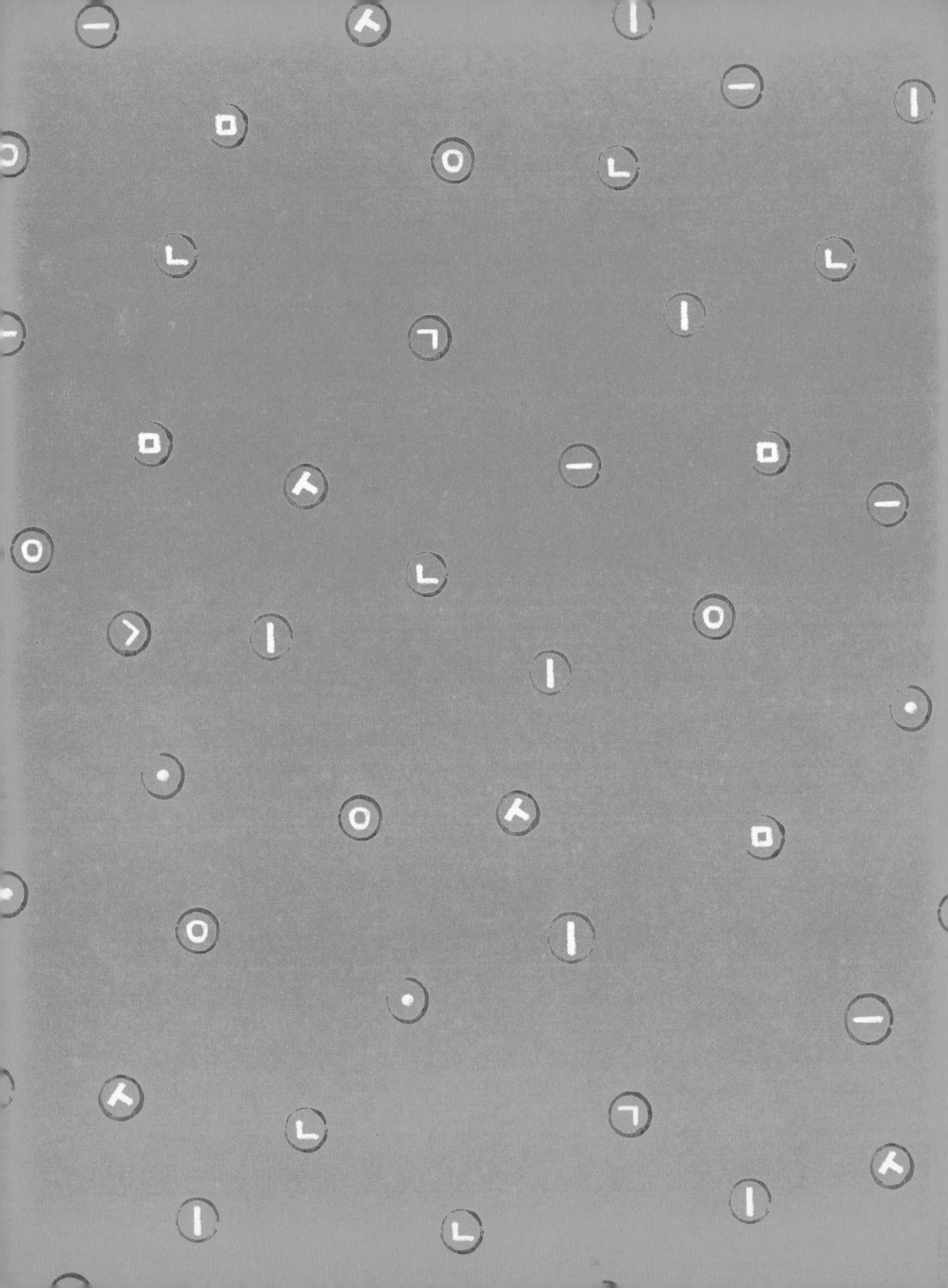